AF607293

NATALIE CLIFFORD BARNEY nació en Dayton, Ohio, en 1876, pero se afincó pronto en Francia. Fue poeta, novelista, dramaturga, traductora y editora. Creó en París en 1909 un salón literario que condujo hasta 1969 y fundó L'Académie des Femmes para impulsar la escritura de las mujeres. Entre sus obras destacan *Pensées d'une Amazone*, *Aventures de l'Esprit*, *Nouvelles Pensées de l'Amazone*, *Souvenirs Indiscrets*, *Traits et Portraits*. Se convirtió en una leyenda en Francia por su papel clave en los círculos intelectuales y por declararse abiertamente lesbiana y escribir sobre lesbianismo. Su obra ha sido y sigue siendo una fuente de inspiración para toda la literatura sáfica. Murió en París en 1972.

RE
CUER
DO...

Título original: *Je me souviens...*

DISEÑO DE COLECCIÓN: © Donna Salama
DISEÑO DE CUBIERTA: © Donna Salama

IMPRESIÓN: Kadmos
Impreso en España – Printed in Spain

IBIC: DC
ISBN: 978-84-129018-7-0
DEPÓSITO LEGAL: M-3870-2025

www.instagram.com/transitoeditorial
www.facebook.com/transitoeditorial
@transito_libros

www.editorialtransito.es

Editorial Tránsito es respetuosa con el medio ambiente: este libro ha sido impreso en un papel ahuesado procedente de bosques gestionados de forma responsable.

RECUERDO...

Natalie Barney

Prólogo de Luna Miguel
Traducción de Lydia Vázquez

TRÁNSITO
MINIATURAS

Elogio de los amores muertos

«No se puede vivir de amor». Se lo dijo Marina Tsvietaieva a Natalie C. Barney en su famosa *Carta a la amazona*, en la que la poeta rusa responde al pensamiento de esta agitadora sáfica, que desde hace ya más de un siglo se ha convertido en un icono literario indiscutible para pensar la literatura marginal y radical de principios del siglo xx. «No se puede vivir de amor», le dijo la discípula a la maestra en una carta curiosa, en la que Barney aparecía referida siempre en masculino, tal vez porque Tsvietaieva veía en aquella mujer la encarnación de lo sin género, de lo fluido, de lo transicional, de lo que todavía no tenía nombre pero que estaba por llegar; o tal vez porque la rusa también veía en Barney un modelo inalcanzable para la emancipación de las escritoras *queer*, una aspiración errónea, alucinatoria. Si bien Natalie C. Barney fue una inspiración para numerosas artistas de su tiempo, si bien ayudó a construir un hogar para muchas —con sus veladas de lecturas de poemas y sus tertulias, con sus maratones de traducción de Safo, con el cultivo del jardín de su Templo de la Amistad, en el que encontraron refugio y mecenazgo una larga lista de escritoras otrora desarropadas: Colette, Radclyffe Hall, Gertrude Stein, Renée Vivien—; también es verdad que Barney tenía un círculo cada vez más exclusivo, en el que más allá de su filantropía ejercía de doñajuana con el ruido del amor libre como bandera.

La imagen que nos llega hoy de Natalie C. Barney oscila entre la extrema generosidad y la egolatría. A saber. Ella llegó a París en 1900, expulsada de Estados Unidos por su muy adinerada familia, debido a su comportamiento indecoroso y a sus aires lesbianos, tan escandalosos para el Ohio de la época. La capital francesa les pareció un lugar ideal para que la joven, de entonces veinticuatro años, tan interesada en la poesía, en la música y en la creación artística en general, iniciara un nuevo camino. Era el final de la *belle époque,* un tiempo en el que a la mujer no se la esperaba en ningún sitio que no tuviese que ver con el modelaje y el embriagador sudor de las musas. Barney se puso entonces los pantalones y empezó a reunir a un ejército secreto, conformado por todas aquellas que tenían un sueño mayor que el de posar o el de regalar sus invenciones a sus maridos plagiadores. La libertad creativa que el dinero de Barney ofrecía a este grupo de mujeres se convirtió también en libertad sexual y de experimentación. Hay muchas leyendas alrededor de su academia de mujeres que tienen que ver casi siempre con su manera de vivir el amor, o lo que es lo mismo, de vivir la literatura. Escribió Anne Carson que tanto la experiencia del deseo como la experiencia de la lectura enseñan algo acerca de los límites. Probablemente, lo que desde sus inicios como poeta hasta el fin de sus días movía a Natalie C. Barney era la exploración de esos límites, e incluso la reflexión sobre el cruce entre lectura, escritura y sexo en el cuerpo y en el pensamiento de una. Con su vida y con su obra, la sáfica demostró que tal vez sí que se podía «*vivir* de amor», o que, en el caso de que tal sueño fuera imposible, lo que sí podía hacerse era «*morir* de amor».

De entre toda la obra literaria producida por Barney y pobrísimamente editada en español —contamos en librerías con una muy buena biografía, la de Suzanne Rodríguez (Circe, 2004), y de segunda mano encontraremos por ahí, con suerte, otra biografía muy jugosa de Jean Chalon, *Retrato de una seductora* (Grijalbo, 1970), pero también una selección de sus pensamientos, *De trazos a retratos* (Icaria, 1988), y un sinfín de PDF extranjeros para descargar ilegalmente, dando muestra esta bibliografía de que Barney nos ha interesado siempre más como personaje que como autora, incluso aunque sus ideas sobre el amor y las relaciones las hayamos citado, de segunda y tercera mano, hasta la saciedad—; de entre toda su obra literaria, decía, puede que uno de los libros más llamativos sea su *Recuerdo...*, reeditado en 2023 en la colección L'Imaginaire, de Gallimard, tras la aparición en 2021 de *Nouvelles pensées de l'Amazone*, en el contexto de un proyecto de Suzette Robichon para la recuperación de obras de autoras lesbianas canónicas como Mireille Best o Monique Wittig. Clásicos desclasados, podríamos decir. Y entre esos clásicos, el *Recuerdo...* de Barney como punta de lanza del pensamiento amoroso de principios del siglo XX.

Otra vez: ¿es que no se puede *vivir* de amor?

Entonces, muramos de él.

Recuerdo... es precisamente el elogio de los amores muertos. Se trata este de un libro de ideas, trazadas a veces como aforismos, otras como poemas y otras como pequeñas historias entre tiernas y vengativas, que surgen del amorío de Natalie C. Barney con la poeta Renée Vivien. Habían dejado de ser amantes estas dos escritoras cuando Vivien perdió la vida —hay quien dice que «se dejó ir»—, causando no solo un enorme vacío en ese grupo de escritoras, que llegarían a bautizarla como la «Safo 1900» por la oscuridad y la pasión de su poesía deseante, sino también dejando una herida irreparable en Barney, con quien compartió amor, pero también celos, con quien viajó a Lesbos, pero también frecuentó los malos barrios parisinos, y junto a quien no pudo soportar la vida —dejó tantos poemas al respecto, dejó tantas cenizas—, pues si Barney detestó la monogamia, Vivien quería a la estadounidense para sí sola. Los poemas e ideas que Renée Vivien dedicó a Barney siempre tuvieron algo descorazonador, algo de quien veía el deseo cual carga insoportable. Pareciera que el tema literario de Vivien fuera el dolor que la relación con Barney le producía. Hay ecos de ello leamos por donde leamos: «Quédate con tu mísero amor que satisface / a tu espíritu antaño henchido de quimeras, / mas no regreses nunca a las agrestes calas / donde las algas mecen su ritmo innecesario».

No es extraño que, en medio de esta turbulenta relación, y al fuego de una de sus múltiples rupturas, Natalie C. Barney escribiera este libro de tintes necrófilos y adivinatorios para regalárselo a su chica —con voluntad de recuperarla— en 1904. Un libro que habla de la pelea y de la celosía, pero también de la voluntad de supervivencia ante la posible finalización de un gran amor. *Recuerdo...*, pues, es la glorificación de los amores muertos. La celebración del último brillo de aquello que está a punto de romperse, pero todavía no. El amor es amor cuando el amor muere. Lo sé porque, recuperando sus aprendizajes de la mística, la filósofa María Zambrano dijo que «amor sin distancia no sería amor», y porque, en esa misma línea, Simone Weil aseguró que «amar puramente es consentir en la distancia, es adorar la distancia entre uno y lo que se ama». El amor es amor cuando el amor muere, sí. O lo que es lo mismo: la mayor distancia posible entre cuerpos que se aman es la muerte, el gran final.

Cuentan las malas lenguas que los textos de *Recuerdo...* funcionaron como conjuros. Pocos meses después de que Barney terminara el libro, la pareja estaría de nuevo abrazada, viajando a Grecia para seguir los pasos de Safo, en un periplo y una tensión que María-Mercé Marçal volvió ficción en *La pasión según Renée Vivien*. Pero los conjuros no duran para siempre, su efecto a veces no es más que un espejismo. Que dos personas se amen no es sinónimo de que deseen las mismas formas de vida. Por eso la pareja no tardó en volver a separarse, y el trauma hizo que la salud mental y física de Vivien quedase dañada para siempre, hasta que en 1909 «se dejó ir». La muerta viviente, otra vez. La novia cadáver, la vampira de la que Barney hablaba en su *Recuerdo...* parecía hacerse verídica en su caja de madera. Ella había dejado de querer a Vivien cuando su corazón aún latía, pero volvió a quererla como nunca cuando su corazón se detuvo. *Recuerdo...* debe leerse entonces como el registro de un luto, pero también como una eterna escena sexual. La prueba última de la distancia. Pienso ahora en esa frase con la que la poeta Sara Torres comenzaba su primera novela: «Mientras mamá moría, yo estaba haciendo el amor». Y pienso también en la amargura de ese poema que Idea Vilariño le dedicó a su amor imposible, Juan Carlos Onetti, y que era casi un deseo mortal: «Ya no será / ya no / no viviremos juntos / no criaré a tu hijo / no coseré tu ropa / no te tendré de noche / no te besaré al irme / nunca sabrás quién fui / por qué me amaron otros. / No llegaré a saber / por qué ni cómo nunca / ni si era de verdad / lo que dijiste que era / ni quién fuiste / ni qué fui para ti / ni cómo hubiera sido / vivir juntos / querernos / esperarnos estar. / Ya no soy más que yo / para siempre y tú / ya / no serás para mí / más que tú. Ya no estás / en un día futuro / no sabré dónde vives / con quién / ni si te acuerdas. / No me abrazarás nunca / como esa noche / nunca. / No volveré a tocarte. / No te veré morir».

Es como si la muerte pusiera nuestras cartas sobre la mesa. Como si el final reestableciese pasiones e inmortalizara los besos silenciados de otro tiempo. No en vano, la publicación original de *Recuerdo...* tuvo lugar en 1910, justo un año después de que Renée Vivien falleciera. ¿Por qué quiso Natalie C. Barney regalar al mundo aquello que años antes había regalado a su amante en privado? ¿Por qué pensó que la prueba de un amor muerto era la mejor canción para despedirnos de ella? «Tu deseo es mi ley / tu voluntad mi credo», escribió una vez la muerta. Entonces, ¿será que en su fuero interno Barney estaba convencida de que, si esos poemas en prosa ya la hicieron volver a sus brazos en una ocasión, al publicarlos en un libro al alcance a todos, Vivien regresaría para ella de entre los muertos?

Luna Miguel
Barcelona, septiembre de 2024

RECUERDO...

A la autora de Cenizas y polvo,
estas cenizas y este polvo

El encuentro

Ella vino hacia mí, y cuando vi su sonrisa sentí la mañana, sentí el sabor del sol, y el sabor de la fruta a la sombra del sol.

Ella vino a mí, y cuando vi sus ojos caló la noche en mí, y el misterio de las sombras de la noche.

Ella vino junto a mí, y cuando oí su voz la seguí.

Ella me llevó hasta el invierno que aún cubría el mundo y me habló de lo que llamaba amistad. Y las palabras que decía eran tan claras como el hielo frente a nosotras. Yo tenía frío, ella sintió que yo tenía frío, y me cogió de la mano, y me cubrió con su abrigo.

Y su primer gesto hacia mí fue un gesto de bondad.

Le dije: llévame contigo, y la casa donde habitas estará llena de canciones, y el alma que te habita estará llena de perfumes.

Porque el cielo será tu jardín, y la tierra será tu jardín, y mi cuerpo será tu jardín.

Y mi primer impulso hacia ella fue un impulso de amor.

Y a lo largo del camino yo cantaba una canción hecha de brumas errantes y grávida de rocío; semejantes a las estrellas las palabras caían, claras sobre el silencio.

Cuando callé, ella, inclinándose hacia mí, suspiró:

—Amiga, mi sueño ama tu voz, y mi corazón tu canción.

Y yo, inclinándome hacia sus labios, respondí:

—¡Puesto que amas esas cosas, ama también mi beso!

Al calor de la habitación, mientras las flores abrían sus pétalos, ella abrió los párpados. Y las rosas y sus miradas se deshojaban sobre mí.

Al anochecer se oscurecían sus rasgos y se precisaban las pupilas de sus ojos. Ella, asombrada por su propio deseo, y por nuestros cuerpos demasiado parecidos, vacilaba, inclinándose sobre mí como las que no saben. Y yo le enseñé la voluptuosidad de los besos silenciosos y de las manos que se buscan hasta estrecharse con alegría.

La recuerdo entre las flores que yo amo pero que ella adora. La recuerdo entre los sonidos de una música triste cuyas notas se parecían a las sílabas de nuestros nombres entremezclados.

Recuerdo sus esperas y mis partidas.

La recuerdo en su balcón, coronada por todas las estrellas de la noche y todo el tenebroso azul.

Recuerdo que la tierra recubierta de nieve me evocaba el lecho de nuestro amor virginal, y que todas las cosas parecían existir para el recuerdo de nuestra felicidad.

Pues la naturaleza pródiga y siempre imparcial ama todos los amores por igual. Para ella, siempre imaginativa, nada es inútil, y la belleza es tan necesaria como las necesidades mismas. ¿Y qué unión, oh, impuros que nos juzgáis, podría igualar la de las amigas que, bellas, de una misma belleza, han encontrado, por el roce de sus mentes y de sus cuerpos semejantes, la indecible dicha de los primeros goces?

¿Y quién conocerá el amor con toda su audacia y todas sus sutilezas, sino dos vírgenes locamente enamoradas?

Pero la Afrodita de irónicos dones, diosa radiante, perversa, tejedora de sombras que reviste la belleza con un atuendo de desgracias y hace de la alegría una tristeza, de la gloria un infortunio, reía entre sus rosas.

Fue ella quien, temerosa de que mi amor por la amante pudiera superar mi amor por el amor, alabó la inconstancia, y llenó mis oídos con el sonido de voces espurias, y nubló mis ojos con visiones pasajeras.

Y ocurrió lo que tenía que ocurrir, que dejamos de vernos a fuerza de estar cerca; y, cansadas de atraernos sin entendernos, a veces nos rebelábamos contra esa atracción.

Y por el día aquello nos separaba, pero por la noche aquello nos unía más... Y seguíamos amándonos.

Un día sucedió que tuve que partir, y nos despedimos distraídamente, como las que aún no saben lo que pierden cuando se despiden...

Y todo esto pareció pasar en muy poco tiempo, ¡como la juventud!

La ausencia

Una noche la luna estaba sobre el mar como un barco de plata.

Yo la llamaba.

El mar rompía contra la orilla.

Una noche su recuerdo estaba sobre mí como la estela de la luna sobre el mar.

Yo la llamaba.

El mar rompía contra la orilla.

Llegó el día y me dijo:

—¿A qué esperas?

Y dije al día:

—Espero a la noche.

Y el día dijo:

—¿Qué harías tú con las horas que alumbro?

—Con las horas que alumbras, miraría al pasado.

—Y ¿qué mirarás en el pasado?

—Miraré todas las cosas.

Y dije al día las alabanzas del pasado, pues conozco la belleza del pasado como los expatriados conocen la belleza de su país.

Llegó la noche y me dijo:

—¿A qué esperas?

Y dije a la noche:

—¡Espero lo que ya no existe!

He vivido junto a la felicidad sin verla.

He vivido junto a la felicidad como los que viven en la tierra del sol:

Ciega, a fuerza de claridad, he vivido junto a la felicidad.

Y ahora sé que este país del que vengo es más deseable que las tierras de los extranjeros. Pero ¿a qué exiliado le parece su país el mismo la segunda vez, y a qué ciego le parece la felicidad la misma la segunda vez?

He perdido la felicidad. ¿Adónde se ha ido? ¿La he dejado yo, o me ha dejado ella a mí? Quizá esté con aquella a la que amo; y aunque los caminos que llevan de vuelta sean los más largos de todos, pienso en el retorno.

Imagino a la que amo, distraída y burlona. Siento su sonrisa, que ya no es para mí. Siento que me traiciona, y que traiciona al amor. Pero también siento que mi felicidad solo puede estar con ella; y aunque los caminos que llevan de vuelta sean los más largos de todos, pienso en el retorno.

Al son monótono del mar danzan los barcos.

Los barcos parecen, en los puertos, caballos de mar alados. Los barcos parecen, en los puertos, ansiosos por zarpar de nuevo.

Porque aman la carrera y los misterios de la carrera, y sus peligros.

Pero el mar no ama a los que mece en su seno, pues el mar también tiene una amante lejana.

Caminantes que regresáis de las noches lejanas, mirad cómo palidecen las estrellas al acercaros a las ciudades iluminadas.

¿No teméis encontrar cerradas las puertas de vuestra casa? ¿No teméis oír, o no oír, la voz de vuestra amada?

Toda vuestra ausencia se interpone entre vosotros...

El silencio se asusta cuando os acercáis. ¿No teméis enfrentaros a la esperanza de los retornos imposibles?

Caminantes que regresáis de las noches lejanas, hay retornos más tristes que todas las partidas.

Entre las casas alineadas en la noche he encontrado su casa.

Su casa es blanca en la noche como el rostro de una muerta. Miro sus ventanas. Oscuras y vacías como los ojos de una muerta están las ventanas cuya mirada era ella.

Su casa ha perdido la vida...

En las sombras vislumbro cosas extrañas... ¡Todas las casas alineadas en la noche, como rostros me miran!

Interludio

Tres sueños a través de la fiebre

1

Un presentimiento originado por la hora y la soledad se apoderó de mí. Lo imaginé con mil formas y mil rostros, pues se ocultaba.

—Sígueme —susurró con su voz de sombra y de turbio silencio—, y te diré qué dolor te habita.

Me precedía en la oscuridad, y yo, agotada por la inquietud, me adentré en un bosque que parecía prometer tranquilidad. No tenía ni el calor ni el frío de ninguna estación; y a través de las copas entretejidas de los árboles no se veían estrellas. Junto a mí, un roble inmemorial se erguía como una columna. Lo toqué, estaba frío, y su corteza, que tenía la apariencia de la madera, petrificada. En el suelo había piedras que podrían haber sido tumbas, y ese polvo fino y sin brillo que queda de las cosas desaparecidas hace mucho tiempo...

Todo estaba increíblemente inmóvil.

Yo hablaba y no oía mi voz.

El aire pesaba como agua estancada, e incluso el silencio parecía insondable.

Junto a un lago, apagado como el ojo abierto de un ciego, y entre capiteles rotos, permanecía una forma, con los codos sobre las rodillas y el rostro entre las manos. Tenía la mirada fija y vacía, vacía como el magnético vacío del abismo, y su boca era apacible como las bocas que ya no encuentran las palabras... Sentí que me invadía un sopor mortal al imaginar lo que podría ser su beso... Tranquila ya, tras disiparse el dolor, me acerqué, cuando de repente el presentimiento, que me invadió de nuevo, me retuvo.

—¿Quién es ella?

Él me miró con curiosidad y, mientras nos alejábamos, sentí que lamentaría a menudo no haber tocado sus labios definitivamente sellados, no haber conocido el olvido, que es la única soledad verdadera.

2

Llegamos a otro bosque. Era de día y los árboles alternaban luces extraviadas.

Pequeñas rosas se interponían en nuestro camino, intentando retenernos con sus afiladas garras.

Unos manantiales se alejaban llorando.

El silencio, sensible a cada eco, reinaba a nuestro alrededor. El aire desplegaba sin cesar sus alas invisibles... Toda esa frescura se agitaba. Y vi que el bosque estaba habitado por sombras verdes que podrían ser náyades llegadas de sus superficies líquidas. ¡Cómo se deslizaban sobre el color de las cosas, y cómo bailaban al sol...!

Yo gozaba de ese lugar tan fraternal con los recuerdos y con las ensoñaciones de la memoria, y me evocaba, para mayor regocijo mío, otras presencias etéreas: ¡Oh, vosotras, mis amores de antaño, mis hermosas realidades pasadas!

Se agolpaban a mi alrededor, contentas de haber vuelto.

Curiosamente, las más cercanas se desvanecían, y las más lejanas se precisaban con tanta claridad que veía en ellas bellezas que jamás sospeché.

Una, más seria que las demás, se acercó muy despacio, como quien es portador del misterio.

Me llamó por mi nombre, y, como en el pasado, me sonó más dulce al salir de sus labios... Lo dijo una vez más, y luego otra, y solo entonces me di cuenta de que su voz era como un canto ya escuchado pero en un tono menor, y que sus ojos, al mirarme, me transmitían una angustia incomprensible.

El presentimiento me invadió, y tuve miedo como un niño al despertarse entre tinieblas...

Un viento frío lo atravesó todo. Las presencias etéreas huían, y sus pasos, amortiguados, caían sobre el silencio como caen las hojas sobre el suelo.

Solo los manantiales seguían siendo los mismos: se alejaban llorando...

Distintos caminos se abrían ante mí y, como dudaba de cuál tomar, la voz de los manantiales me dijo:

—Síguenos, pues, como tú, dejamos este bosque estéril, donde únicamente pervive el pasado... Síguenos, pues, como tú, corremos inevitablemente hacia todo lo que está por venir... Síguenos, pues somos los mismos, y siempre cambiamos, y, como tú, somos inconstantes, y, como tú, somos fieles. El pasado podría retenernos y, puesto que tememos que nos retenga, invariablemente nos vamos. Pero el deseo de lo invariable está en nosotros, y el pasado, y la nostalgia del pasado, ¡está en nuestra voz que llora!

3

Nada más adentrarnos en el tercer bosque, la luz nos abandonó.

Y, desde los primeros árboles, ya solo vi el suave esmalte del cielo.

Poco a poco, acostumbrada a la oscuridad, me di cuenta de que ya no había camino, pero que, en la tierra, húmeda y sin hierba, se veía el rastro de numerosas pisadas. En la mayoría de las huellas se adivinaba una marcha solitaria; pero algunas parecían indicar el paso de quienes habían recorrido un trecho juntos antes de separarse... Más adelante, todo se volvió borroso, y la tierra, cada vez más pantanosa, resbalaba bajo mis pies. Un sapo, recién salido de algún estanque fangoso, se movía pesadamente como una mujer embarazada, y se detuvo a mirarme con sus ojos estúpidos y resignados.

Un murciélago daba vueltas en torno a mi cabeza volando en espiral, y me rozó el cabello con el negro halo de sus alas... Escondí la frente en el pliegue de mi brazo y corrí hacia adelante, perseguida por todos los peligros imaginarios, notando sobre mí las misteriosas manos del miedo.

De pronto me detuve al chocar con algo que desprendía un horrible calor de cuerpo humano y que palpitaba como un corazón febril y desgastado. Intenté liberarme; dos brazos me agarraron y sentí la caricia amenazadora de unas uñas en el extremo de sus manos. Volví la cabeza; estábamos en un lugar donde las flores nocturnas brillaban sobre sus largos tallos pálidos como cometas invertidos. De ellas emanaba un perfume que podría haber sido venenoso.

—¡Somos la ilusión de la vida! —me dijeron las flores.

Y su aliento pesaba sobre mis párpados y, como un eco, parecían repetir:

—Somos la ilusión de la vida. Ay de ti si la miras de frente. Cierra los ojos, cierra los ojos. Nos da miedo que tus ojos se marchiten. Solo debes mirar a través de los párpados cerrados.

Una risa burlona sacudió a aquella que me sujetaba y, al volverme, vi una boca con los labios apretados, moviéndose nerviosamente, como presa de un tic perpetuo. Su rostro estaba fruncido por esas arrugas perpendiculares de la inquietud. Sus ojos eran redondos y crueles hasta la locura, como los de algunas ancianas, pero no daba la impresión de vejez alguna, de tan anterior al tiempo que parecía. Y entonces comprendí que el corazón que había notado, ese corazón febril y desgastado, marcaba el latido de las horas inagotables, y que estaba ante la vida misma... A su alrededor, el silencio se impregnaba de rumores incesantes, semejantes al ruido concentrado de las ciudades. Un humo sutil con olor a incienso se elevaba hacia ella, y parecía proceder de innumerables iglesias...

Ajena ahora a mi presencia, acogía a quienes se acercaban a ella. Casi todos parecían ignorar su fealdad, y la mayoría le rendían una abyecta adoración. Algunos le ofrecían homenajes dignos de una amante, y le llevaban ropajes sedosos con la esperanza de ocultar su espantosa desnudez bajo una opulencia ilusoria. Otros cubrían la delgadez de sus manos con rubíes, ricos como la sangre de las vírgenes, fervientes como sus besos, y le colocaban en la frente zafiros extrañamente oscuros y semejantes a los ojos que sueñan.

Otros le regalaban piedras de luna que quizá fueran sus lágrimas.

Ella dominaba a todos esos seres, terrible y benévola a intervalos, y siempre caprichosa. Quise marcharme, pero cuando estaba a punto de partir, sentí de nuevo el círculo de sus brazos estrechándome y, pegada a mi oído, me susurró:

—No te me escaparás. No te me escaparás. Me has amado sin verme, y ahora que me ves, te espanto, pero me mirarás aún más de cerca y llegarás a conocerme mejor. Y ya no temerás mis crueldades, que son mi fuerza: todo aquello que engendra debe ser cruel. Pero ayudo a los mismos que aflijo, y mis injusticias solo devastan a los cobardes. Hay que temer mis bondades aún

más que mis crueldades, pues mis bondades son precursoras de penas venideras y, sin embargo, la peor de mis penas es fuente de inspiración. Aporto a todos el incurable deseo de ser y no ser, y tú serás mi esclava como los demás; como ellos, aceptarás mis abominables dones, y aprenderás a agradecerme los tormentos que impongo; como ellos, me amarás o me odiarás, pero no te me escaparás, pues yo soy La que da. *¡Estás unida a mí por tantas razones! ¿Acaso no fui yo tu primer amor? Mírame bien, sigo siendo bella. Soy una anciana sin edad. Nadie sospecha los misterios de mi nacimiento y, como los precedí, soy la sucesora de todos vuestros dioses. He animado la creación perpetua en el mundo, y no temo ni a la eternidad ni a la muerte. Soy todopoderosa, ¿cómo podrás escapar de mí, puesto que estoy en todas partes? No, no te me escaparás, no te me escaparás... Y, si a veces me maldicen, es siempre en voz baja, ¡como maldecirían a una amante a la que no se atreven a abandonar!*

Y me debatí entre sus brazos, y sentí de nuevo la caricia amenazante de sus uñas.

El retorno

Volví a ver a mi amada, y me reencontré con la vida, y me reencontré con la muerte al verla.

Pasó junto a mí, pero apartó los ojos, como si temiera reconocerme.

Y me vino el recuerdo de ella y de sus ojos apartándose, el recuerdo, que es la más ilusoria de las posesiones.

Recuerdo las veladas religiosas, cuando, entre los lirios que irradiaban luz y los cirios encendidos, la tenía sujeta a mi amor como una crucificada.

Recuerdo las veladas rojas, y sus risas, y sus gemidos, y sus quejas, y sus silencios rotos.

Recuerdo las veladas rojas, cuando nos devorábamos, insaciablemente hambrientas, cuando nuestros besos se convertían en asesinatos, cuando nuestras bocas, entreabiertas como heridas, sabían a sangre.

Recuerdo las veladas violetas, cuando nuestro deseo solo deseaba la aniquilación, y nosotras teníamos hambre y sed de muerte.

Recuerdo las veladas místicas, cuando entraba a su cuarto con solemnidad, como habría entrado a un templo, velándome el rostro con mi cabello y arrodillándome ante ella como frente a la divinidad.

Recuerdo las veladas amarillas junto al fuego, cuando, entre las chispas y la luz de las chispas, nos buscábamos.

Y nuestros cuerpos se estiraban el uno hacia el otro como dos llamas doradas.

Recuerdo las veladas azules junto a las ventanas, cuando, entre las estrellas y la luz de las estrellas, nos buscábamos, y nuestras almas se estiraban la una hacia la otra como dos destellos plateados.

Espero a aquella a la que amo, a la que ya no volverá.

Los días se van, con las noches, y yo permanezco despierta, y lloro.

A veces escucho el susurro de sus pies invisibles acercándose a mí, y mi corazón tiembla como las hojas con el viento.

Un aire fresco penetra por la sombra del jardín… El rocío de manos claras viene a consolar a la hierba ardiente… Solo yo me consumo, inconsolable, y ni siquiera el sueño quiere saber ya nada de mí.

Todas las cosas me abandonan desde que ella me ha abandonado. Todas las cosas menos sus palabras que decían «nunca te dejaré».

Más desolada que las viudas que avanzan por las calles con sus largos vestidos de luto, más aislada que los muertos en las iglesias donde nadie va a rezar, espero a aquella a la que amo, a la que ya nunca volverá.

Y desde lo más hondo de mi soledad le grité:

¿Conoces las noches de insomnio en que te abrasan fiebres despiadadas y te persiguen sueños tan monstruosos como profecías? Y, si las conoces, ¿por qué infligirme ese sufrimiento?

¿Conoces las esperas interminables, las lágrimas profusas, los sollozos ahogados y toda la angustia de un corazón que se despierta presa, siempre presa, de las mismas desesperaciones?

¿Conoces los amaneceres, cuando, con la frente pesada y vacía, y el cuerpo cansado y roto como por una enfermedad mortal, intentas arrastrarte hacia las ventanas? Y cuando te gustaría mirar fuera, las ventanas te devuelven tu mirada, una mirada que se asombra de verse tan extraviada, y que te hace temblar a pleno sol.

¿Conoces los días que pasas oyendo todo el clamor de la ciudad trabajadora? ¿Y esas locas carreras que tratas en vano de esquivar? ¿Las conoces? Y, si las conoces, ¿por qué infligirme ese sufrimiento?

¿Conoces los rodeos que hay que dar para luego acabar a las puertas de ese lugar donde ya no te atreves a entrar —donde todo te suplica con una insistencia sorda que te vayas —, y las huidas que nos llevan hasta ahí una y otra vez?

¿Conoces los ojos llenos de arrepentimiento que tienes ante ciertas calles, bloqueadas para ti por barreras invisibles, pero por las que otros pasan riendo? ¡Oh, cómo duelen esas risas que pasan!

¿Conoces las noches en las que el recuerdo se reaviva como una herida, y en las que te encierras para no ver la belleza de la luna naciente? ¿Y el regreso de las horas de alas oscuras que se ensañan como venenos lentos? ¿Las conoces? Y, si las conoces, ¿por qué infligirme ese sufrimiento?

Ella me envió poemas. Poemas perfectos como ecos, turbadores como la pintura de un rostro en aguas profundas. Semejante a un narciso, el pasado se inclinó hacia su genio, que lo acogió entre reflejos, y ahí permanece para siempre enamorado de sí mismo.

A ti, que sabes encontrar la imagen de las horas desaparecidas, y el equivalente duradero de las alegrías efímeras... ¿cómo voy a dejarte escapar? Pero ¿dentro de qué forma te contendré, oh, belleza, que desechas todos mis espejos, y cuyos andares parecen seguir la inflexión de alguna música olvidada?

¿Con qué palabras te contendré, yo, que no conozco inspiración igual a tu sonrisa, ni ritmo que me devuelva el encanto de tu voz viva?

Mis amigas vinieron a verme para espiar mi dolor. Mis amigas, hipócritamente simpáticas, vinieron a verme. Y viendo que callaba, me torturaron con sus palabras:

—¿Por qué sufres?

—Esa a la que amas ya no ama tu amor.

—Esa que te amaba ya no te ama.

—Esa que te amaba nos ha amado.

—Con besos la hemos distraído de tu recuerdo.

—Y, una vez sembrada la duda en su seno, ha renegado de ti.

—¿Por qué persistes en tu fe?

—Mira estas cartas donde nos llama «adorada mía».

—Fíjate: nos pone los mismos nombres que a ti.

—Y las mismas palabras han resonado en nuestros oídos.

—Todas tus caricias se han rememorado junto a nuestras bocas; y vuestros secretos de amor han hecho sonreír nuestros labios.

—Y ahora nosotras queremos alejarte de ella como la hemos alejado de ti.

—Porque somos sus amigas, y somos tus amigas.

—Ámanos, y tal vez ella vuelva a ti.

—Ámanos, y quizá reencuentres su deseo.

—Recuerda que, cuando nos buscabas, ella iba detrás de ti.

—No huyas de nosotras, puesto que, desde que nos desprecias, te amamos con un amor lánguido...

—Te amaremos como la hemos amado a ella.

—Y porque somos sus amigas, y porque somos tus amigas, te ofrecemos el consuelo de una ternura que ella ha conocido, y un mismo amor con las mismas palabras.

Y yo les respondí:

Tengo dentro de mí un recuerdo que no es vuestro recuerdo, y esa a la que yo he conocido es la que vosotras nunca conoceréis.

Vosotras solo habéis sido las sombras de una luz muerta.

¡No habéis sido más que los fuegos fatuos que la atraían en las noches sin luna!

Y los besos que le robasteis no eran para vosotras; y las confesiones que le arrancasteis no eran para vosotras.

¿Pretendéis conocer mejor que yo a la que es mi amor?

Y durante largos días ya no quise oír ni ver... ¡Pero los ojos cerrados se llenan de imágenes, y los oídos sordos a las voces mentirosas escuchan en su interior voces aún más mentirosas!

Porque la soledad suele estar poblada de espectros más terribles que las verdades de la vida.

La angustia de saber se apoderó de nuevo de mí y llamé al más cruel de mis tormentos reales, sabiendo que ninguna palabra es tan dolorosa como el silencio.

Quienes me aman vinieron a decirme:

—No inclines la cabeza con tristeza, sonríenos.

—Tu cara está demasiado pálida y tu cuarto demasiado oscuro. Levántate, afuera es primavera y el día se ha maquillado para gustarnos. Y el día se ha puesto un vestido de oro para gustarnos.

(Pero yo me quedé con mi dolor, que me es familiar y dulce, y no respondí).

—¿Por qué está tu cara tan pálida y tu cuarto tan oscuro? Como el día, tienes que maquillarte para gustarnos.

—Como el día, tienes que ponerte un vestido de oro para gustarnos.

(Pero me quedé con mi dolor, que me es familiar y suave, y no les respondí).

—¿Por qué te escondes tras tu pelo enmarañado...?

—Tus lágrimas están en tu pelo como una lluvia a pleno sol.

—Tus lágrimas son como una lluvia a pleno sol.

—Seca esas lágrimas, te estropearán el pelo... ¿Serán ellas las que te han puesto la cara tan pálida...? Seca esas lágrimas.

—Como el día, tienes que brillar para gustarnos.

—No te escondas más tras tu pelo, porque tu dolor es malo para nosotros.

—Porque tu dolor no es nuestro dolor —¡dijeron quienes me quieren!

Oh, amada, para ti es este cuerpo ardiente y frágil. Para ti son estos ojos ensombrecidos de amor, y esta boca que solo sabe de tus besos.

Me entristece engalanar en vano para otras este cuerpo donde tú depositaste tus caricias, y adornar con carey y joyas este cabello donde tú pusiste tus lágrimas.

Oh, mujer amada, me torturan con palabras que no son tus palabras, y con labios que no son tus labios. Su amor me degrada; sus deseos me ultrajan como una prostitución... Culpo a cualquiera que me ame. Me enfado con cada paseante que me mira y no tiene tu mirada. Con las mujeres que me llaman y no saben atraerme. Con los poetas que me cantan y no tienen tu voz... Me enfado con todos por no ser tú.

Ayer rompí mis espejos, pues me niego a seguir viendo los rasgos que tú olvidas... Me enfado conmigo misma por ser yo, y me odio por sobrevivir a tu amor.

Amada mía, vuelve, vuelve... para que yo pueda ser feliz. Mi sonrisa ríe mal cuando no estás, y mis ojos están apagados como los ojos de los exiliados... La vida entera sería incapaz de hacerme revivir si tú ya no me amas. Y mi cuerpo parece haber perdido su alma. Es a ti, solo a ti a quien quiero, a quien busco, a quien amo. En las demás y en ti misma, siempre eres tú a quien deseo. Oh, amada mía, aunque solo sea por una hora, vuelve... vuelve... ¿Por qué ya no soy esa a la que «siempre amarías»?

He mandado hacer un puñal solo para mí. Extraigo la hoja de las joyas que la revisten y examino curiosamente su belleza desnuda.

¡Qué éxtasis, entregarse a algo tan bello! Su cercana posesión engañaría tal vez mi deseo, y su afilada mordedura me haría olvidar tus exasperantes y deliciosos besos.

Para matar mi deseo, he mandado hacer un puñal solo para mí.

¡Que me hiera con su diáfana crueldad! ¡Que cambie el dolor que me provoca el recuerdo por un nuevo dolor!

¡Oh! ¡Su hermosa hoja desnuda en mi carne desnuda y que sufre por primera vez la crueldad de una violación, que cede por primera vez, desconsoladamente y sin alegría!

Temerosa de los días venideros, y anhelando la muerte, he mandado hacer un curioso puñal solo para mí. Extraigo la hoja de las joyas que la revisten y examino amorosamente su belleza desnuda.

Si vienes hoy, te daré una rosa roja… ¡profunda, profunda!

Vi a un muerto, y el rostro noble y tranquilo que proporciona la muerte. Y al alejarme de su ataúd, pensé en otra muerte: ¡el rostro de la que sigue viva pero ya no puede vivir! Y al levantar la cabeza, me encontré con los ojos de mi amada... Sus miradas eran como una caricia sobre mis hombros... Sus miradas eran como un beso por todo mi cuerpo. Y, esa noche, ¡fui feliz!

Mi amada es más cruel que la vida, también es más cruel que la muerte; porque, como la vida, mata, y, como la muerte, resucita.

¡Ya no tengo esperanza y espero! Y aguardo, incrédula, a que ella pueda volver. Porque es amor, y ya no es amor lo que hay entre nosotras.

Pobre amor mío, te creía un dios y eres el más débil de los mortales. Yo respeté tus alas, pero no mereces esas alas, ni tampoco todos esos bonitos nombres que te asignan, porque ni siquiera sabes ser infiel.

Pobre amor mío, amas y no te atreves a amar... Sufres y no temes hacer sufrir... Pero ¿cómo podría yo culparte, si por ti he conocido las únicas bellezas de la vida?

¿Qué me importa que seas falso y cobarde, esclavo de las circunstancias que todo lo empequeñecen y todo lo cambian?

¿Qué me importan la brevedad de tus juramentos eternos, y tus agravios y tus traiciones y tus abandonos y tus mentiras? ¡Encuentro en mí la fuerza y la dulzura que te atribuía a ti, y, gracias a las virtudes que te faltan, yo me he vuelto mejor! Te llevé dentro de mí, penosamente, como una madre lleva a su hijo. Te concebí con alegría y me desgarraste de dolor.

Pero como te amaba con mis lágrimas, no puedo olvidarte ni odiarte. Y, si alguna vez vuelves, te seguiré estrechando en mis brazos, albergando en mi corazón, ¡ese corazón al que tanto daño has hecho!

Pero duerme, duerme, porque mi única esperanza es creer en tus palabras, ¡que sé falsas!

Duerme, y como a un pobre niño te meceré, te meceré en mi corazón, ¡ese corazón al que tanto daño has hecho!

Nocturnos

Oye cómo llega el primer atardecer de la primavera. Al acercarse, despiertan los aromas, el aroma de las flores y tu aroma.

La noche te sigue como una hermana sombría, la noche acompañada de flautas invisibles.

Sintoniza tu alma con el alma musical de la noche, y avancemos juntas, dispuestas y felices. Olvidemos la ira de los días, y la razón de los días, y todo lo que separa tus manos de mis manos enamoradas.

Las noches de primavera, me siento ligera como un rayo danzante, ¡e inventaré para ti juegos en la hierba fragante, benéfica y fresca, que te encantarán!

Llega la noche, la bella noche de verano, opulenta y pródiga como una mujer ebria: ya tenemos aquí la noche de verano... Y el mundo está ante ella como un festín; como un festín de frutas y flores está el mundo ante ella.

Embriágate como la noche de verano y yo me presentaré opulenta y pródiga ante ti como un festín; como un festín de frutas y flores me presentaré ante ti.

Pues la luna es una copa que vierte embriaguez, y mi alma es una copa que vierte embriaguez.

Ya que tenemos aquí la noche de verano, embriágate como la noche de verano. Pues las mujeres son capaces de grandes cosas, ¡embriagadas!

Vayamos a la isla donde las noches son «cálidas y lánguidas», y las islas son propicias para las enamoradas. Porque las islas son pequeños mundos aislados y rodeados por completo de espejos. Espejos que desde tiempos inmemoriales reflejan las cosas invertidas, y ciñen de estrellas la doble imagen de las que, vueltas del revés, se unen en medio del estremecimiento de las aguas luminosas.

¡Ah!, tu carne bajo el agua y bajo mi carne, mi carne que busca todo lo que le es un poco esquivo y semejante...

Los cisnes, turbados por blancuras rivales, se acercan, y nuestros cuerpos se funden entre el plumón de sus alas.

Tus brazos emergen del agua como los frágiles cuellos de los cisnes; en vano lucharé contra ellos, enlazan mejor que los juncos. Con la insinuación terca y muda de los juncos, yo seré tu vencida, feliz y pálida entre tus brazos, que, segura al fin de su deseo, me arrastrarán...

¿Fuiste tú quien escribió: «Doy la existencia humana por una hora»? ¿Y te atreverías con el «peligro divino» al que cantas?

Tú, que sabes evocar tan bellamente la muerte, ¿te atreves a morir?

Tú, que sabes evocar tan bellamente el amor, ¿te atreves a amar?

El arte tiene miles de poetas que infunden vida a sus versos con la belleza que roban al amor. Pero ¿importa que sus versos vivan si el amor muere?

¿Y no habría que saber morir por el amor que hemos hecho morir?

¿Y no habría que saber vivir por el amor que hemos hecho vivir?

El arte tiene miles de poetas que hacen vivir sus versos con la belleza que roban a la vida.

Pero ¿importa que sus versos vivan si no han sabido ser también poetas en la vida?

¿Fuiste tú quien escribió: «Doy la existencia humana por una hora»?

¿Y habrías puesto tanto valor y tanta poesía en tus versos que tan poco te queda para la vida?

¿Fuiste tú quien escribió todas esas palabras audaces y hermosas, y sería yo la única en atreverme a vivir lo que cantas?

El atardecer se estira hacia ti, yo soy el atardecer en tu ventana. Apaga las luces, déjame entrar. No tengas miedo: solo soy peligrosa para las que se me resisten. Te traigo la inspiración de las cosas bellamente reveladas. Porque el amor de la noche está en mí, en la extrañeza lunar de mis cabellos y en el destello azul de las niñas de mis ojos. Mi aliento en tu frente despertará extrañas visiones, y mis dedos pasarán sobre ti con la resbaladiza obsesión de las olas, y mis dedos te harán sentir la ligera insinuación de las olas. Y nuestros cuerpos sentirán el vaivén de los tallos bajo el agua; pues mi caricia conoce el ritmo de las mareas.

El atardecer se estira hacia ti, yo soy el atardecer en tu ventana, déjate llevar y ámame.

Ven y pégate al frescor de mi carne.

Ven y pégate al frío nocturno de mi carne.

Mis cabellos me rodean, mis cabellos que la noche ama, y que son como la noche, pálidos.

Ven entre el claroscuro de mis cabellos.

La noche se estira hacia ti, yo soy la noche en tu ventana... cierra los ojos... déjate llevar y ámame. Ninguna acción es tan extraña como la noche.

Vuélvete loca conmigo, pues la locura es la sabiduría de las tinieblas.

No me tengas miedo. Solo soy odiosa para aquellas que no se atreven a seguirme, pero para las que me aman tengo toda la ternura del mundo, y mejor que todas las ternuras.

Escucha el consejo de las flores, escucha el consejo de las músicas. Ven... Ven... Acercándote a mí no perderás ni el deseo ni la nostalgia. Porque yo soy la que inspira la noche, y seré única para atraerte, múltiple para conservarte.

Me convertiré para ti en todas las voces y todos los perfumes y todos los rostros, y en todo lo que encanta y turba en el misterio de la noche.

Seré pródiga más allá de los límites humanos. Saciaré tu sed, seré la palabra que tú deseas y el silencio que te hechiza, la voluptuosidad de la que huyes y la felicidad en la que no se puede creer.

Lo seré todo, sabré serlo todo para retenerte.

Seré la comprensión que tú esperas en vano, y la dulzura que consuela.

Estoy cansada de todo lo que no viene de ti. Estoy cansada de todo lo que no es tu mirada, tu pensamiento, tu voz, tu amor.

Solo te quiero a ti en la vida, solo te quiero a ti en la muerte... Solo me quedan fuerzas para vivir o morir... ¡Ven! ...

Paso por delante de tu casa en la noche ardiente y en la vaporosa aurora. El resplandor de tu lámpara insulta a las estrellas; y tu sueño no oye mi llamada desesperada…

Tu sueño solo escucha las falsas ensoñaciones, y mis penas vivas nunca llegan a la altura de tu ventana.

Te has enseñado a ti misma a contemplarme, y a contemplarlo todo con ojos de ciego... Y has aprendido a escuchar a los seres del día; y los seres de la noche ya no son visibles para ti.

Porque los seres de la noche —como las luciérnagas— se esconden en la luz. La luz, que apaga toda claridad ardiente y delicada, ha apagado en ti el deseo y la inspiración del deseo, y yo te llamo en vano.

Tus oídos ya no quieren escuchar. Tus oídos han escuchado demasiado las resoluciones sonoras y las voces que claman como para oír las voces sutiles y las plegarias silenciosas.

Ya no te diré palabras insinuantes o locas. Ya no me quedaré deseosa y temerosa ante tus ventanas. Puesto que no quieres oírme, y apartas de mí unos ojos que ya no quieren ver, me arrepiento de la vida, y me arrepiento de los vivos a los que se lleva la vida. Porque la vida nos separa más que cualquier muerte.

¡Oh, miradas huidizas y mudas! ¡Oh, miradas de todas aquellas que van cargando furtivamente el peso de los duelos que no son los duelos de la muerte! ¡Cómo os comprendo por ser, al fin, iguales unas a otras!

Mi *muerta viviente,* mi deseo de ser vencida solo desea ya tu calma y su plenitud. Y toda mi juventud me parece inútil si ya no quieres ser joven conmigo... Mi deseo envidia tu incomprensible quietud, y, si ya no quieres vivir, enséñame a morir. Enséñame para que aprenda de ti esa paz que es la renuncia a la felicidad, y ese hastío de amar que es la muerte.

Cerca de aquí, en medio de la ciudad y en medio del verano, hay un jardín triste y solitario que el otoño nunca descuida.

—¿Vendrás conmigo?

Un palacio desierto se refleja en un agua muerta, donde unas hojas desde hace tiempo marchitas van a la deriva; entre ellas, dos cisnes hostiles y semejantes van y vienen, sin dejar ninguna estela tras de sí... Este lugar no tiene más vida que el reflejo de las cosas pasadas... ni más sueño que el recuerdo.

—¿Vendrás conmigo?

Últimos días de agosto de 1904

Índice